L'histoire du lièvre de Pâques

Thierry Chapeau

éditions
du Bastberg

Dans une petite ferme, à l'orée du bois, vivaient une pauvre femme et ses deux enfants. De riches paysans avaient racheté pour une bouchée de pain les terres qu'elle ne pouvait cultiver. Elle conservait cependant un modeste jardin où picoraient deux vieilles poules.

Pâques arriva et elle n'avait rien à offrir à ses deux garçons. Dans la cour, en distribuant des graines aux poules, elle eut une idée :

— si vous étiez généreuses aujourd'hui, je pourrais offrir des œufs frais à mes petits.

En visitant les nids dans la soirée, elle ne put contenir sa joie : deux beaux œufs l'attendaient sur la paille. Elle s'empressa de les cacher pour préparer sa surprise.

La nuit tombée, elle coucha les enfants. Elle décida de décorer les deux œufs. Pour cela, elle fit bouillir de l'eau dans une casserole. Elle y plongea les œufs et des épluchures d'oignons rouges afin de les colorer. Ensuite, avec la pointe d'un couteau, elle grava de petits motifs sur les coquilles.

Le lendemain, jour de Pâques, elle sortit dans le jardin avant le chant du coq. Elle confectionna deux petits nids de paille pour y déposer les œufs.
Au cocorico, les enfants sautèrent de leur lit pour recevoir, comme chaque année, leurs petits cadeaux.
— Je crois que vous trouverez vos cadeaux dans le jardin cette année, dit-elle.
Sans tarder, les deux garçons s'y précipitèrent.

Le plus âgé trouva un nid :
— Oh ! s'écria-t-il, un œuf tout décoré au creux d'un nid ! Le cadet, un peu à l'écart, regardait dans un buisson. À cet instant, l'enfant vit le feuillage remuer : un lièvre s'échappa, laissant apparaître l'autre nid.

— Regardez ! C'est le lapin qui a déposé l'œuf ! C'est le lapin qui apporte les cadeaux de Pâques !
La mère, amusée de cette remarque, déclara :
— Le lapin vous a gâtés cette année.

Le lendemain, les deux frères retrouvèrent leurs camarades du village et firent le récit de leurs cadeaux apportés par le lièvre.
— Un lapin qui pond des œufs, et surtout des œufs de couleur, c'est impossible !
En guise de réponse, le plus jeune des deux frères ouvrit une petite boîte qui renfermait un petit œuf coloré.
— Oh ! s'exclamèrent les autres enfants qui n'en croyaient pas leurs yeux.
— Mais rien ne prouve qu'il a été pondu par un lapin.
— L'année prochaine, nous préparerons des nids et nous verrons bien si le lapin y dépose des œufs, répliquèrent en cœur les deux frères pour couper court aux jaloux.

L’été passa. L’hiver fut particulièrement rude, la terre gela en profondeur. La petite famille n’avait jamais été aussi démunie. Les poules, trop vieilles maintenant, ne pondaient plus.
Aux premiers beaux jours qui précédaient Pâques, la mère entendit les garçons s’agiter dans le jardin.
— Nous préparons des petits nids pour que le lapin les remplisse à nouveau de beaux œufs colorés. Nous avons mis des bouquets d’amourette et des racines de carottes pour le remercier.
La mère resta pensive. Elle savait que les petits nids resteraient vides cette année. Que faire ?

Non loin de là, le lièvre sortait d'un long sommeil, un sommeil qui avait duré tout l'hiver. Il partit en promenade pour redécouvrir la région.

Il remarqua les enfants qui fabriquaient des nids partout dans la campagne.

En passant derrière la petite ferme, il aperçut ses vieilles amies les poules.
— Tu arrives bien à propos. Pâques approche et les petits n'auront rien cette année. La maman est toute triste. Elle n'aura même pas d'œufs à leur offrir, car nous sommes désormais trop vieilles pour pondre, dit la poule rousse.
— En te voyant l'année dernière dans le jardin près des nids préparés par leur mère le jour de Pâques, les enfants ont imaginé que tu avais pondu les œufs. Ils ont fabriqué des nids espérant que tu reviennes, dit la poule blanche.
— Les petits seront déçus, ils ne trouveront rien dans les nids. Il faut faire quelque chose. Je m'en charge, dit le lièvre.

Sans perdre de temps, il se rendit au poulailler voisin.
— Je vais te trouver une douzaine d'œufs, dit le coq après que le lièvre lui eut exposé la situation.
Il revint le soir même et trouva les œufs soigneusement disposés dans un vieux panier que le coq avait trouvé dans la grange.

Deux pigeons des alentours vinrent à son secours pour porter le panier.
Ensemble, ils ajustèrent des sangles pour que le lièvre puisse l'utiliser comme une hotte.
Ces deux talentueux vanniers conçurent un système audacieux pour faire sortir les œufs facilement.
Chargé de son précieux fardeau, le lièvre s'en retourna dans sa clairière afin de colorer et de décorer ses cadeaux.

En chemin, il rencontra les mulots, ses compagnons, qui se proposèrent de l'aider dans sa tâche.
Pour obtenir des œufs jaunes, il fallut cueillir des boutons d'or et des primevères. Nos amis durent se procurer du trèfle et des épinards pour les colorer en vert, des betteraves et des oignons rouges pour leur donner une teinte rouge.
Les trois compères frottèrent délicatement les coquilles avec toutes ces plantes afin de les colorer. Quelques heures avant Pâques, la besogne fut achevée et les mulots s'en retournèrent dans la forêt…

Au lever du jour, le lièvre commença alors sa distribution. Mais avant de parcourir la campagne, il avala quelques perles de rosée pour se donner du courage, car après avoir déposé les œufs dans les nids, il dut aussi remplir son panier des

racines de carottes et des bouquets d'amourette laissés par les enfants. Il effectua sa tournée si rapidement que personne ne put le voir.

Au chant du coq, les enfants se réveillèrent et se précipitèrent dans les jardins et dans les prés pour voir ce que contenaient leur nids.
— Regarde Maman, le lapin est revenu ! Les carottes et l'amourette ont disparu, c'est bien lui qui a apporté ces merveilleux cadeaux ! s'écrièrent en cœur les deux frères.
La maman, n'en croyant pas ses yeux, partagea la joie de ses bambins.

Et voilà pourquoi, aujourd'hui encore, les enfants confectionnent des nids pour accueillir les œufs du lièvre de Pâques.

© Éditions du Bastberg - 2000 pour la première édition
DEUXIÈME ÉDITION
Dépôt légal : mars 2007
Imprimé en CEE par Wesel à Baden-Baden